ヴィーガンだから
たどり着いた

小麦粉を使わない
もちふわ
生米スイーツ

リト史織

家の光協会

prologue

生米スイーツってなんでしょうか？

それは、浸水させた生米を
ミキサーで撹拌して作る
スイーツのこと。

市販の米粉や小麦粉で作るスイーツとの違い……、
それは、**酸化してないフレッシュなお米を材料に作れる**ということ。

この「生米で作る」ことにこだわった理由は、新鮮さです。
なるべく加工の工程が少ない方が
香りもフレッシュで、味もいいはず。
「だったら、お米をそのまま材料にして作れば、
おいしいに違いない」と思ったのです。

そして、もうひとつ、この本の「生米スイーツ」には
大きな特徴があります。

それは、卵、乳製品、砂糖を使わない
ヴィーガンスイーツレシピだということ。

植物性の素材のみを組み合わせることで
繊細な味わいと、優しい甘みを持つお米の特徴を
より、引き立てることができました。

これまで2冊の
「生米パン」の本を出してきましたが、
生米スイーツだけを集めた本は、
これが初めてです！
白米、玄米、もち米を使った
「生米スイーツ」50品をご紹介しています
（生米を使わない、ヴィーガンスイーツも9品！）。

これまでにない、
まったく新しい製法で作るスイーツレシピですので
研究に研究を重ねました。
特にこだわったのは食感です！

小麦粉で作るお菓子とも違う、
米粉で作るお菓子とも違う
新しい食感と優しい味わいの「生米スイーツ」。
心と体が疲れたときに優しく寄り添うスイーツとして、
皆さんの、日々の一助となれたら幸せです。

contents

prologue 2
生米スイーツの素敵なところ 6
本書で使う基本の道具 8
本書で使う基本の材料 10

基本の生米マフィンの作り方 12
モンブラン（さつまいもクリーム・甘栗クリーム） 16
玄米マフィン 18
にんじんマフィン 19
酒粕マフィン（プレーン・ハーブ・ブラックペッパー） 20
甘酒焼きマフィン・甘酒蒸しマフィン 22

生米ケーキ

ブラウニー 24
レイヤーケーキ 26
豆腐クリーム・アプリコットジンジャージャム・
イチジクレモンジャム 27
ミニカップシフォンケーキ 28
パイナップルココナッツケーキ 30
アプリコットジンジャーケーキ 31
バナナくるみケーキ・紅茶プルーンケーキ 32

生米焼き菓子

生米しっとりスコーン 35
くるみ・ドライフルーツのスコーン 37
きな粉クッキー・黒ゴマクッキー 38
アーモンドクッキー 40
フルーツタルト（ブルーベリータルト・イチジクタルト） 42
グリッシーニ 45
フルーツグラタン 46
生米グラノーラ 47
フィナンシェ 48
マドレーヌ 49

生米パンケーキ ---------- 50
　ヴィーガンバター ---------- 51
生米ワッフル ---------- 52

生米和菓子

どら焼き ---------- 54
　デーツあんこ ---------- 55
生米八つ橋 ---------- 56
大福 ---------- 58
ゆべし ---------- 59
白玉団子・きな粉白玉団子 ---------- 60

ひんやり生米スイーツ

白いお米のプリン ---------- 64
カボチャのプリン ---------- 65
生米ムース（イチゴ・レモン・チョコレート） ---------- 66
生米アイスクリーム（バニラ・抹茶） ---------- 68

かんたんヴィーガンスイーツ

エナジーボール（抹茶・カカオ・シトラス） ---------- 72
きな粉ボール ---------- 74
オーツバー ---------- 75
甘酒シャーベット（柑橘・小豆） ---------- 76
フルーツコンポート（冬瓜・りんご） ---------- 78

リト家のあれこれ❶ ---------- 62
リト家のあれこれ❷ ---------- 70

epilogue ---------- 79

本書の使い方

- 大さじ1は15ml、小さじ1は5mlです。
- 生米の浸水率は1.3倍で計算しています。お米によって若干変動があるため、おおよその目安にしてください。

フレッシュなお米で洋菓子も和菓子も作れる！

いつも食べているお気に入りのお米を、ミキサーで他の材料と一緒に撹拌して、洋菓子や和菓子を作ります。あらかじめ製粉されている小麦粉や米粉と違い、酸化していないフレッシュなお米で作れるのが最大の素敵なところ!
新鮮なお米で作るスイーツは、おいしいのはもちろん、体に優しいのも特徴です。

お気に入りのお米で作れる!

お米が好きな方の中には、きっと、品種だけでなく、無農薬や減農薬、自然農法など製法にもこだわって作られたお米を日々召し上がっている方も多いと思います。この「生米スイーツ」は、そんな自分のお気に入りのお米で作れるのもいいところ!

生米スイーツの

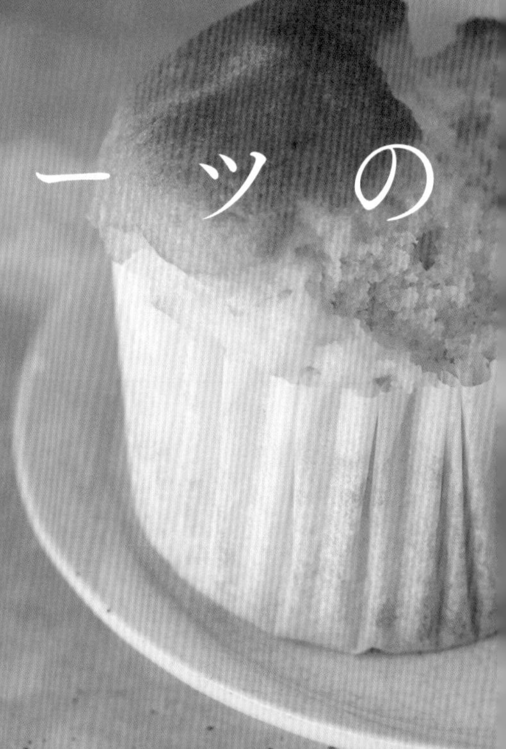

ふんわりもっちり、初めての食感!

白米の生米生地から作るスイーツは、焼き上げると、ふわふわともっちりの、いいとこどりの食感に! 蒸すと、しっとり、もっちり、ふんわり、のすべての食感がひと口で楽しめます。
そして玄米の生米生地で焼き上げるスイーツは、白米スイーツよりも、歯切れがよく、ほろほろ度がアップ! さらに、もち米生地で作った和菓子は、むっちりとして、みずみずしいおいしさです。
これればかりは、食べていただくのが一番ですし、食べていただかないことにはお伝えしきれず。
なぜなら、どこにもなかった製法で作る“初めてのスイーツ”なのですから。

素敵なところ

体と環境に優しいナチュラルスイーツ

本書の「生米スイーツ」は、卵・乳製品・砂糖を一切使わないヴィーガンレシピ。環境にも体にも負担の少ない、植物性のお菓子となっているのです。

コツいらずでかんたん！

一般的なお菓子作りには、クリームの泡だてや、材料の混ぜ方にコツが必要です。そこがうまくいかないと、きれいにふくらまないなど、失敗もあります。でも植物性食品のみで作る「生米スイーツ」は、難しいコツやスキルは必要ありません。唯一のコツ“しっかり混ぜる”もミキサーにお任せ！ ですから、お菓子作り初心者さんでもかんたんに安心して作れます。

グルテンフリー！

体質改善のため、健康のため、美容のために、グルテンを含む小麦粉で作られたパンやお菓子を制限している方も増えています。ただ、心と体を癒してくれるお菓子をすべて我慢するのは難しく、ストレスもかかるもの。
「生米スイーツ」はおいしいグルテンフリーのお菓子なので、お菓子をあきらめる必要はなし！ 楽しくストレスフリーなグルテンフリー生活を送ることができます。

本　書　で　使　う

生米スイーツのいいところは、
身近な道具が数点あれば、すぐに作れるところ。
特別な型も必要ありません。

ミキサー

生米スイーツを作るのに必須の道具。浸水させた生米を他の材料と一緒に撹拌し、とろとろの生地にします。私は「Vitamix E310」、「Vitamix TNC5200」というハイパワーなミキサーを使用していますが、一般的な馬力のミキサーでも作れます。生米スイーツ作りには、コンテナの直径が広いものよりも、なるべく縦に細長いミキサーを選びましょう。写真ではコンテナを小型の容器（0.9L ウェットコンテナ）に代えて、生地が少量でも作りやすくカスタムしています。

基本の道具

オーブン

本書では電気オーブンを使用。ガスオーブンでも可能ですが、庫内の温度が電気オーブンより高くなるため調整が必要です。まずは、必ず予熱して庫内を指定の温度に温めてから、本書のレシピ通りの温度と時間設定で始めてみましょう。7割焼いたところで焼き色がしっかり付いていたら少し温度を下げ、焼き色が付いていなかったら少し温度を上げてください。焼成時間は変えずに、オーブンの特徴をつかみ、温度で調整するのがポイントです。

好みの型

マフィン型

本書で最も登場回数の多い型で、直径5.5×高さ3.3㎝のものを使用しています。なるべく熱伝導のよいものを選んでください。ふくらみ具合が違います。本書ではブリキ製のものを使っていますが、アルミ製のものでもいいでしょう。ベーキングパウダーを使うので、パンほど大きな影響はありませんが、ステンレス製はあまりおすすめしません。また、生米スイーツの生地は、型にくっつきやすいので、マフィン型にはシリコン加工をされたベーキングカップを重ねてから生地を流し入れて焼くことも忘れずに。

ホーローバット

ホーローバットは、そのままオーブンで焼くことができ、冷蔵庫でも冷やせて、器としてもすぐに食卓に出せる便利な容器です。本書では縦14.5×横20.8×高さ4.4㎝のものを使っています。

野田琺瑯レクタングル浅型 Sシール蓋付

本書で使う

生米

基本的には自宅にあるお米を使用いただけます。炊くと粘り気の強く出る「コシヒカリ」などアミロペクチンの含有量の多い（=アミロース含有量の少ない）お米はもっちりした仕上がりに、アミロペクチンの含有量の少ない（=アミロース含有量の多い）「ササニシキ」のような粘り気の少ないお米はふんわりした生地に仕上がります。

玄米

本書では、玄米でも作れるレシピを掲載していますが、注意点として、お米をしっかりと浸水させること（ひと晩程度）。繊維質が多いので、白米に比べてもちもちせず歯切れの良い食感の生地に仕上がります。ミキサーでの撹拌も白米より長めにしっかりしましょう。

もち米

浸水時間も撹拌時間も白米と同じです。ただ、和菓子以外にはむきません。本書でも和菓子のパートのみに登場します。

基本の材料

油

油は、基本的に「なたね油」を使っています。こだわっているのは質で、圧搾方式で抽出されたものを選ぶようにしています。油は香りの個性が強く、お菓子の味に大きく影響します。「太白ごま油」や「オリーブオイル」などお好みの植物油を選んでも。ケーキに合わせて「ココナッツオイル」も使用しています。

ベーキングパウダー

アルミニウムフリーのものを使っています。なるべく、封を切ってから時間のたっていない新しいものを使ってください。古いものを使用すると、うまくふくらまないことがあります。

ナッツ類

無塩、素焼き（ロースト）していないものを使用しています。製菓用の生ナッツがおすすめです。

メープルシロップ

なるべく精製度の少ない甘味料を使いたいこともあり、本書の甘味料は、「メープルシロップ」を使用しています。また、コクや香りとも魅力です。個人的にはゴールデンとダークを使い分けています。白く仕上げたいお菓子やプリンなどはゴールデン、ショコラ系はダークを使っています。

豆乳

無調整のものを使用しています。手に入りやすいので豆乳を使用していますが、アーモンドミルクやオーツミルクなど、好みや体質に合わせて、ほかの植物性ミルクに置き換えてもOKです。

塩

精製していないもので味がまろやかなものがむいています。この本では「ゲランド」を使いましたがお好みのものでOKです。

生アーモンド

アーモンドパウダー

生米ケーキや生米焼き菓子によく使います。フレッシュなものを使いたいので、ミキサーで撹拌してパウダー状にしています。ただし、家にあるアーモンドパウダーを使い切ってしまいたい場合は、それを使ってもよいでしょう。

基本の生米

マフィンの作り方

すべての生米スイーツの基本となりますので
まずは、この「生米マフィン」を作ってください。
写真のように、材料をミキサーで
粒が残らないようとろとろになるまで撹拌することが一番のポイントです。

材料
（マフィン型
直径5.5×高さ3.3cm　6個分）

A
- 生米（浸水済）
  ----- 120g（浸水前92g）
- 豆乳（無調整）----- 60g
- メープルシロップ ----- 40g
- 塩 ----- 2g

油 ----- 40g
ベーキングパウダー ----- 6g

1

準備
- 生米をさっと洗い、ボウルに入れる。水1カップ（分量外）を加えて2、3時間浸水させる。ざるにあげ、水けをよく切る。
- オーブンを200℃に予熱しておく。
- マフィン型にベーキングカップを敷き込む。

2

Aの材料をミキサーのコンテナに入れ、撹拌する。

3

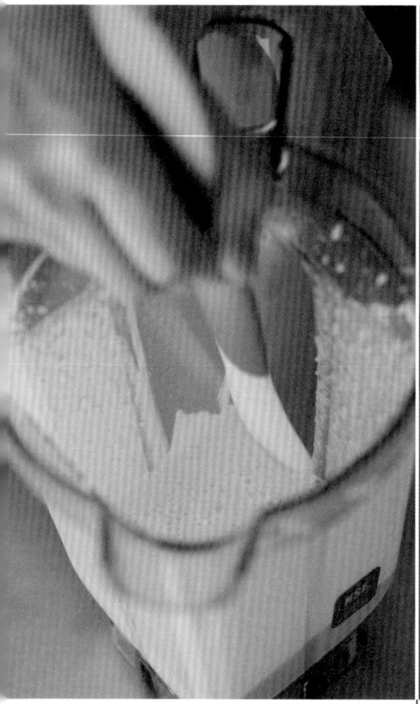

途中何度か止めて、コンテナの内側面に飛び散った生地をスパチュラで落としながら、なめらかになるまで撹拌を繰り返す。

4

生地がなめらかになったら油を加え、生地がもったりするまで、ミキサーの中速から低速で撹拌する。

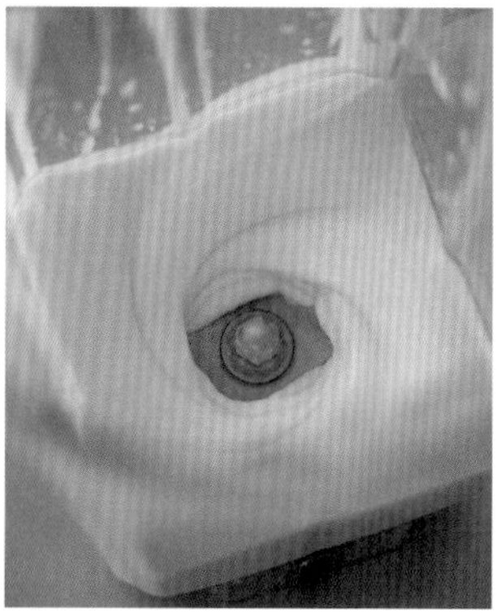

5

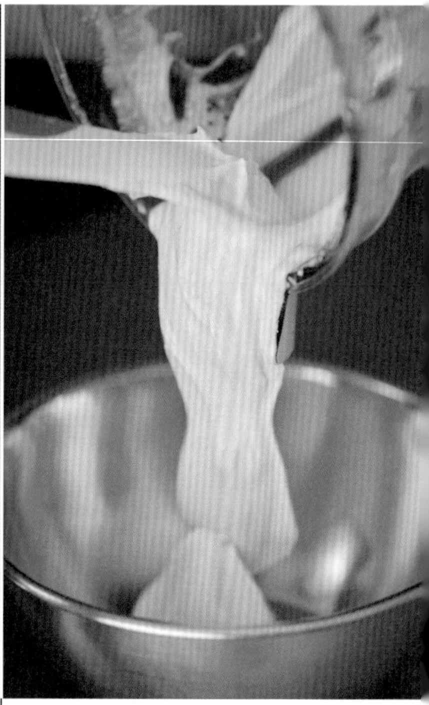

生地をボウルに取り出す。ベーキングパウダーを加え、手早く混ぜる。

Point

ベーキングパウダーを加えるとすぐに反応が始まってしまうので、混ぜ始めてからオーブンに入れるまで手早く行うとふっくら焼き上がる。

基本の生米マフィンの作り方

6

ベーキングカップを敷いたマフィン型に、生地を等分に流し込む。

7

200℃のオーブンで12分間焼成する。

8

生地がふくらみ、表面に焼き色が付いたらオーブンから取り出す。型から取り出して、粗熱を取る。

Point

焼きたてが一番おいしいけれど、もし、食べきれない場合は乾燥しないように袋や保存容器に入れ、常温（食べる前にトースターで1～2分温め直す）もしくは冷凍(食べる前に常温解凍後、トースターで1～2分温め直す）で保管する。

生米マフィン（P.12）にさつまいもと甘栗で作る、
体に優しいクリームを絞るだけで、
たちまち華やかなカップケーキに！

モンブラン

さつまいもクリーム（左）

材料（クリーム量約280g／モンブラン12個分）

さつまいも …… 160g
豆乳（無調整）…… 90g
メープルシロップ …… 15g
ココナッツオイル
（固まっていたら湯煎する）…… 15g
ラム酒 …… 5g
塩 …… ひとつまみ
黒ゴマ（飾り用）…… ひとつまみ

作り方

1. 生米マフィンを焼き上げる（P.12）。
2. さつまいもの皮をむき、1cm厚さにスライスする。
3. 小鍋にさつまいもと水1カップ（分量外）を入れ、蓋をして中火にかける。さつまいもに火が通るまで10分ほど加熱する。途中水分がなくなったら水を少し足す。バットに取り出して冷ましておく（**a**）。
4. ミキサーのコンテナにさつまいも、豆乳、メープルシロップ、ラム酒、塩を入れて低速から中速でなめらかになるまで撹拌を繰り返す（**b**）。
5. コナッツオイルを入れ、しっかり混ざるまで低速で撹拌する。
6. しぼり袋にモンブラン用口金をつけて**5**のクリームを詰め、マフィンの上に好みの量を絞る。飾り用の黒ゴマを散らす。

甘栗クリーム（右）

材料（クリーム量約280g／モンブラン12個分）

甘栗 …… 140g
豆乳（無調整）…… 90g
メープルシロップ …… 25g
ココナッツオイル
（固まっていたら湯煎する）…… 15g
ラム酒 …… 10g
塩 …… ひとつまみ
甘栗（飾り用）…… 6個

作り方

1. 生米マフィンを焼き上げる（P.12）。
2. ミキサーのコンテナに甘栗、豆乳、メープルシロップ、ラム酒、塩を入れて低速から中速でなめらかになるまで撹拌を繰り返す。
3. ココナッツオイルを入れて、しっかり混ざるまで低速で撹拌する。
4. しぼり袋にモンブラン用口金をつけて**3**のクリームを詰め、マフィンの上に好みの量を絞る。飾り用の甘栗は半分に切り、クリームの上にのせる。

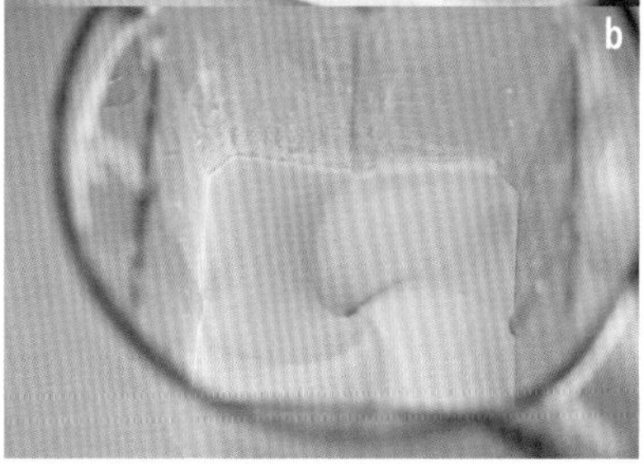

もっとおいしく！

P.27の豆腐クリームを、マフィンとクリームの間にはさむとおいしさUP！

玄米特有の香ばしさが口の中にふわっと広がるマフィンです。
繊維が入るので、生米マフィン（P.12）に比べて食感の歯切れがいいのも特徴です。

玄米マフィン

材料（マフィン型 直径5.5×高さ3.3cm 6個分）

A
- 玄米（浸水済）…… 120g（浸水前92g）
- 豆乳（無調整）…… 55g
- メープルシロップ …… 40g
- 塩 …… 2g

油 …… 40g
ベーキングパウダー …… 6g

作り方

1. オーブンを200℃に予熱する。マフィン型にベーキングカップを敷き込む。
2. Aの材料をミキサーのコンテナに入れ、撹拌する。
3. 途中何度か止めて、コンテナの内側面に飛び散った生地をスパチュラで落としながら、なめらかになるまで撹拌を繰り返す。
4. 油を加え、生地がもったりとするまでミキサーの中速から低速で撹拌する。
5. 生地をボウルに取り出し、ベーキングパウダーを加え、手早く混ぜる。
6. ベーキングカップを敷いたマフィン型に、生地を等分に流し込む。
7. 200℃のオーブンで12分間焼成する。

材料（マフィン型 直径5.5×高さ3.3cm 6個分）

A
- 生米（浸水済）…… 120g（浸水前92g）
- 豆乳（無調整）…… 40g
- メープルシロップ …… 50g
- にんじん …… 30g
- 塩 …… 2g

油 …… 40g
ベーキングパウダー …… 6g

a
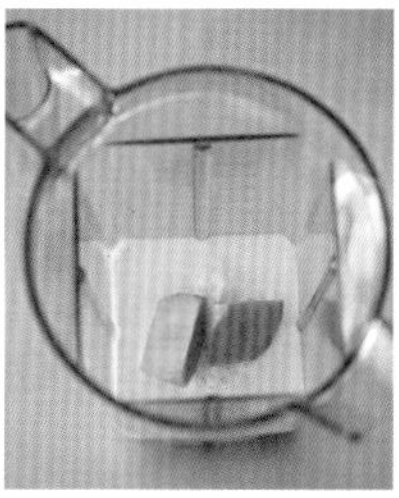

にんじんは加熱せず、皮がついたまま
生でミキサーに入れて撹拌するため、
にんじんの風味が口の中に広がります。

作り方

1. オーブンを200℃に予熱する。マフィン型にベーキングカップを敷き込む。
2. にんじんを1cm厚さにカットする。
3. **A**の材料をミキサーのコンテナに入れ（**a**）、撹拌する。
4. 途中何度か止めて、コンテナの内側面に飛び散った生地をスパチュラで落としながら、なめらかになるまで撹拌を繰り返す。
5. 油を加え、生地がもったりとするまでミキサーの中速から低速で撹拌する。
6. 生地をボウルに取り出し、ベーキングパウダーを加え、手早く混ぜる。
7. ベーキングカップを敷いたマフィン型に、生地を等分に流し込む。
8. 200℃のオーブンで13分間焼成する。

にんじんマフィン

black pepper
Plain
herb

酒粕マフィン（プレーン・ハーブ・ブラックペッパー）

酒粕を混ぜ込むことでチーズ風味に仕上がります。
甘味料を使っていないので、食事パンとしても楽しめるレシピ。
ハーブはお好みのものにかえても。

プレーン

材料（マフィン型　直径5.5×高さ3.3cm　6個分）

A
- 生米（浸水済）…… 120g（浸水前92g）
- 豆乳（無調整）…… 70g
- 塩 …… 2g

酒粕 …… 10g
油 …… 40g
ベーキングパウダー …… 6g

作り方

1 オーブンを200℃に予熱する。マフィン型にベーキングカップを敷き込む。

2 **A**の材料をミキサーのコンテナに入れ、撹拌する。

3 途中何度か止めて、コンテナの内側面に飛び散った生地をスパチュラで落としながら、なめらかになるまで撹拌を繰り返す。

4 酒粕を加え、低速で撹拌する。

5 油を加え、生地がもったりとするまで、さらに低速で撹拌する。

6 生地をボウルに取り出し、ベーキングパウダーを加え、手早く混ぜる。

7 ベーキングカップを敷いたマフィン型に、生地を等分に流し込む。

8 200℃のオーブンで13分間焼成する。

ハーブ

作り方

プレーンの作り方**2**で、**A**の材料と共に好みのハーブ15cm分の葉（写真はローズマリー）を加え（**a**）、撹拌する。

a

ブラックペッパー

作り方

プレーンの作り方**7**で焼く直前にブラックペッパー適量を上にかける（**b**）。

b

甘酒焼きマフィン

材料（マフィン型 直径5.5×高さ3.3cm 6個分）

A
- 生米（浸水済）…… 120g（浸水前92g）
- 甘酒 …… 80g
- 塩 …… 2g

油 …… 40g
ベーキングパウダー …… 6g

作り方

1. オーブンを200℃に予熱する。マフィン型にベーキングカップを敷き込む。
2. Aの材料をミキサーのコンテナに入れ、撹拌する。
3. 途中何度か止めて、コンテナの内側面に飛び散った生地をスパチュラで落としながら、なめらかになるまで撹拌を繰り返す。
4. 油を加え、生地がもったりとするまでミキサーの中速から低速で撹拌する。
5. 生地をボウルに取り出し、ベーキングパウダーを加え、手早く混ぜる。
6. ベーキングカップを敷いたマフィン型に、生地を等分に流し込む。
7. 200℃のオーブンで13分間焼成する。

甘酒蒸しマフィン

材料（プリンカップ 直径6.3×高さ3.2cm 6個分）
※甘酒焼きマフィンと同様

A
- 生米（浸水済）…… 120g（浸水前92g）
- 甘酒 …… 80g
- 塩 …… 2g

油 …… 40g
ベーキングパウダー …… 6g

フライパンの蓋を布巾などで包んでおくと、水滴が落ちない。

作り方

1. 厚めのフライパン（または蒸し器）に蒸し皿を敷き、水を2～3cm入れて沸騰させる。
2. プリンカップにベーキングカップを敷く。
3. Aの材料をミキサーのコンテナに入れ、撹拌する。
4. 途中何度か止めて、コンテナの内側面に飛び散った生地をスパチュラで落としながら、なめらかになるまで撹拌を繰り返す。
5. 油を加えて、生地がもったりとするまでミキサーの中速から低速で撹拌する。
6. 生地をボウルに取り出し、ベーキングパウダーを加え、手早く混ぜる。
7. プリンカップに生地を等分に流し込み、湯気のたったフライパンに入れて蓋をする。
8. 強火のまま12分間蒸す。

お米から作られた甘酒を加えることで、
お米の甘みを重ねて作ったお米好きに捧げるマフィンです。

甘酒焼きマフィンと同じ材料なのに、
加熱の仕方が違うだけで、まったく違う味に。
もっちり感が強調された食感と、
やわらかな甘さが魅力です。

生米ケーキ

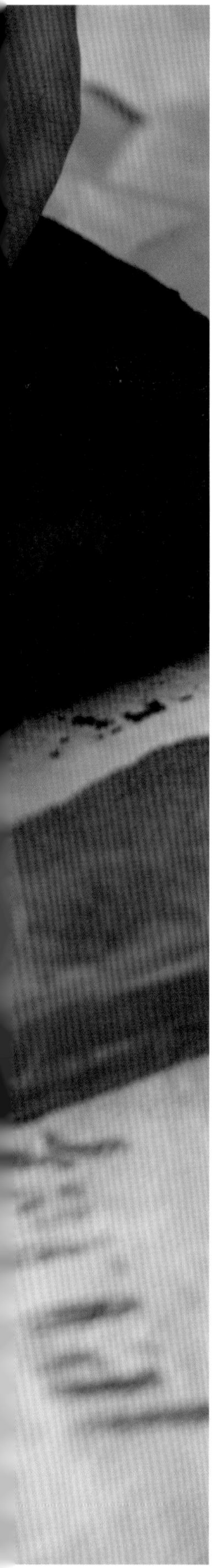

ブラウニー

アーモンドを使うことで、もちもちの生米スイーツから、
ほろほろっとした洋菓子らしい食感へ。
油は、カカオとの相性がよいココナッツオイルを使いました。

材料（バット 縦14.5×横20.8×高さ4.4cm 1個分）

A
- 生米（浸水済）…… 90g（浸水前69g）
- 豆乳（無調整）…… 65g
- メープルシロップ …… 100g
- ラム酒 …… 10g
- 酢 …… 5g
- 塩 …… 1.5g

生アーモンド …… 45g
カカオパウダー …… 30g
ココナッツオイル（固まっていたら湯煎する）…… 40g
ベーキングパウダー …… 4g
ベーキングソーダ …… 2g

作り方

1 オーブンを200℃に予熱する。バットにオーブンシートを敷き込む＊。

2 Aの材料をミキサーのコンテナに入れ、撹拌する。

3 途中何度か止めて、コンテナの内側面に飛び散った生地をスパチュラで落としながら、なめらかになるまで撹拌を繰り返す。

4 アーモンドを加えて撹拌し、さらにカカオパウダーを入れ、しっかり混ざるまで撹拌する。

5 ココナッツオイルを加え、生地がもったりとするまで低速で撹拌する。

6 生地をボウルに取り出し、ベーキングパウダー、ベーキングソーダを加え、手早く混ぜ、バットに流し入れる（a）。

7 200℃のオーブンで20分間焼成する。

a

＊

1. オーブンシートをバットより大きめに切る。

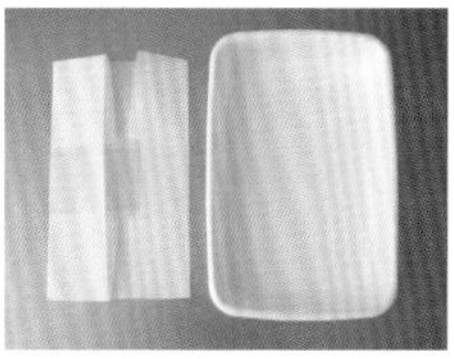

2. 四方を適当に折りたたむ。

3. 袋になっている所を広げ、潰すように三角形を作る。

4. 三角形からはみ出た部分を谷折りにする。

5. 側面を立ち上げ、バットに入れる。

レイヤーケーキ

基本の生米スポンジケーキのレシピです。
豆腐クリームやジャムをサンドして、自分好みにアレンジしてください。
ジャムはドライフルーツから作るので、煮つめる必要なく手軽に作れます。

材料
（バット 縦14.5×横20.8×高さ4.4cm 1個分）

A
- 生米（浸水済）…… 150g（浸水前115g）
- 豆乳（無調整）…… 85g
- メープルシロップ …… 50g
- 塩 …… 2g

生アーモンド…… 25g
油 …… 50g
ベーキングパウダー …… 8g

豆腐クリーム・アプリコットジンジャージャム
（好みのジャムでも可）…… 各好みの量

作り方

1 オーブンを200℃に予熱する。バットにオーブンシートを敷き込む。
2 Aの材料をミキサーのコンテナに入れ、撹拌する。
3 途中何度か止めて、コンテナの内側面に飛び散った生地をスパチュラで落としながら、なめらかになるまで撹拌を繰り返す。
4 アーモンドを加え、しっかり混ざるまで撹拌し、さらに油を加えてミキサーの低速で撹拌する。
5 生地をボウルに取り出し、ベーキングパウダーを加え、手早く混ぜる。
6 バットに生地を流し入れ、表面を少し平らにして、200℃のオーブンで18分間焼成する。
7 スポンジを2等分し、ジャムと豆腐クリームでデコレーションする（a）。

a

豆腐クリーム

材料（出来上がり約300g）

A
- 絹ごし豆腐 …… 300g
- メープルシロップ …… 50g
- キルシュ …… 3g
- 塩 …… 1g

ココナッツオイル（固まっていたら湯煎する）…… 50g

1 豆腐をペーパータオルで包んでバットに入れ、重石をする。冷蔵庫でひと晩（8〜10時間）おき、約200gになるまでしっかり水切りをする。

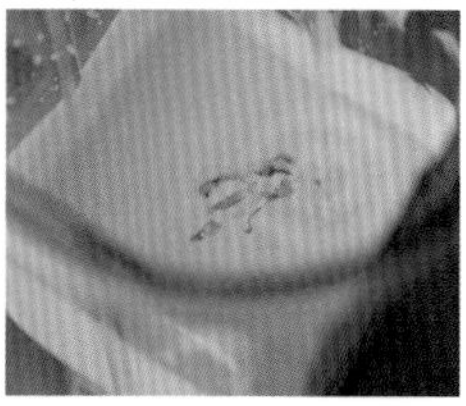

2 ミキサーのコンテナにAの材料を入れてなめらかになるまで、撹拌する。

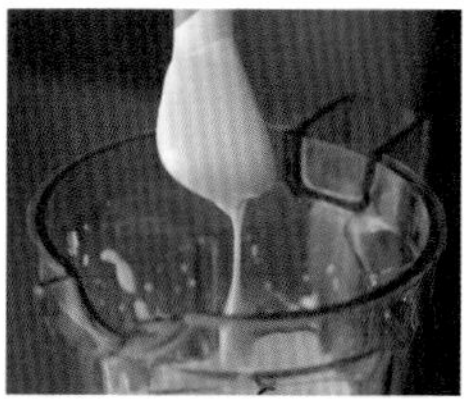

3 ココナッツオイルを加え、しっかり混ざるまで低速で撹拌する。

4 保存容器に移し、冷蔵庫で30分以上冷やし固める。

アプリコットジンジャージャム

材料（出来上がり約220g）

ドライアプリコット …… 120g
オレンジ …… 80g
レモン汁 …… 20g
生姜スライス …… 10g

作り方

1 オレンジの皮をむいて、種があれば取り除く。4つほどにカットする。
2 すべての材料をミキサーのコンテナに入れ（b）、撹拌する。
3 途中何度か止めて、コンテナの内側面に飛び散ったジャムをスパチュラで落としながら、なめらかになるまで撹拌を繰り返す（c）。
4 保存容器に入れ、冷蔵庫で保存する。

b

c

イチジクレモンジャム

材料（出来上がり約230g）

ドライイチジク …… 150g
レモン汁 …… 40g
水 …… 40g
カルダモン …… 好みで少々

作り方

1 すべての材料をミキサーのコンテナに入れ、撹拌する。
2 途中何度か止めて、コンテナの内側面に飛び散ったジャムをスパチュラで落としながら、なめらかになるまで撹拌を繰り返す。
3 保存容器に入れ、冷蔵庫で保存する。

Point
ジャムを作る際、ミキサーが回りにくいときは、レモン汁か水を様子を見ながら少しずつ足す。
長期保存したいときは鍋で加熱して、冷蔵庫で保存する。

ミニカップシフォンケーキ

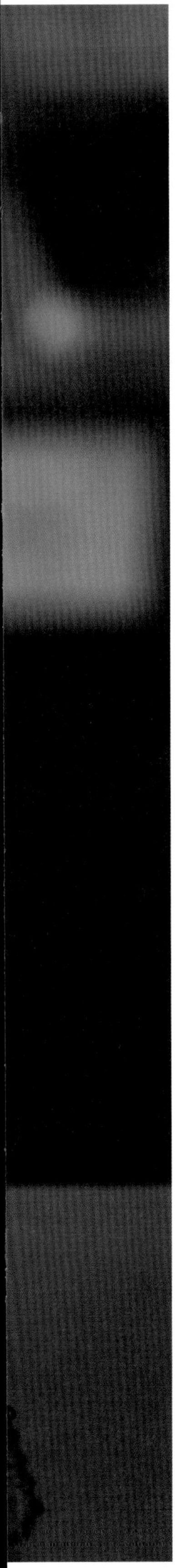

大豆の気泡性を利用して、ふわふわの食感に！
ポイントは、しっかり撹拌して生地をとろとろにすること。
シフォン型がなくても作れるようにカップケーキスタイルにしました。

材料（マフィン型 直径5.5×高さ3.3cm 6個分）

A
- 生米（浸水済）…… 140g（浸水前108g）
- 乾燥大豆＊ …… 10g（浸水後22g）
- 豆乳（無調整）…… 90g
- メープルシロップ …… 60g
- レモン汁 …… 5g
- 塩 …… 2g

油 …… 45g
ベーキングパウダー …… 6g

＊ゆで大豆で代用はできない。

作り方

準備　大豆はさっと洗い、たっぷりの水にひと晩つけておく（**a**）。

1 オーブンを200℃に予熱する。マフィン型にベーキングカップを敷き込む。

2 **A**の材料をミキサーのコンテナに入れ、撹拌する。

3 途中何度か止めて、コンテナの内側面に飛び散った生地をスパチュラで落としながら、なめらかになるまで撹拌を繰り返す。

4 油を加えて、生地がもったりとするまでミキサーで撹拌する。

5 生地をボウルに取り出し、ベーキングパウダーを加え、手早く混ぜる。

6 ベーキングカップを敷いたマフィン型に生地を等分に流し込む（**b**）。

7 200℃のオーブンで14分間焼成する。

浸水前（左）と浸水後（右）で大豆の体積は2倍近くになる。

a

b

パイナップルココナッツケーキ

材料（バット 縦14.5×横20.8×高さ4.4cm 1個分）

A
- 生米（浸水済）…… 150g（浸水前115g）
- 豆乳（無調整）…… 30g
- メープルシロップ …… 60g
- 塩 …… 2g
- パイナップル …… 50g

ココナッツオイル …… 50g
ココナッツファイン …… 50g
ベーキングパウダー …… 8g

作り方

1 オーブンを190℃に予熱する。バットにオーブンシートを敷き込む。

2 パイナップルは2〜3cm角にカットする。

3 Aの材料をミキサーのコンテナに入れ（a）、撹拌する。

4 途中何度か止めて、コンテナの内側面に飛び散った生地をスパチュラで落としながら、なめらかになるまで撹拌を繰り返す。

5 ココナッツオイルを加え、しっかり混ざるまで低速から中速で撹拌する。

6 生地をボウルに取り出し、ココナッツファインを入れて混ぜる（b）。ベーキングパウダーを加え、手早く混ぜてバットに流し入れる。

7 190℃のオーブンで20分間焼成する。

a

b

南国風のトロピカルな味をイメージしたケーキです。ココナッツオイルとココナッツファインを重ねて使い、パイナップルと引き立て合うレシピにしています。

材料（バット 縦14.5×横20.8×高さ4.4cm 1個分）

A | 生米（浸水済）…… 150g（浸水前115g）
豆乳（無調整）…… 45g
メープルシロップ …… 60g
塩 …… 2g

生アーモンド …… 35g
油 …… 50g
アプリコットジンジャージャム（P.27、家にある好みのジャムでも可）…… 65g
ベーキングパウダー …… 8g

作り方

1 オーブンを190℃に予熱する。バットにオーブンシートを敷き込む。

2 **A**の材料をミキサーのコンテナに入れ、撹拌する。

3 途中何度か止めて、コンテナの内側面に飛び散った生地をスパチュラで落としながら、なめらかになるまで撹拌を繰り返す。

4 アーモンドを加え、しっかり混ざるまで撹拌し、さらに油を加えて低速で撹拌する。

5 生地をボウルに取り出し、ベーキングパウダーを加えて、手早く混ぜる。ジャムを加えてさっと混ぜ、バットに流し入れる。

6 190℃のオーブンで20分間焼成する。

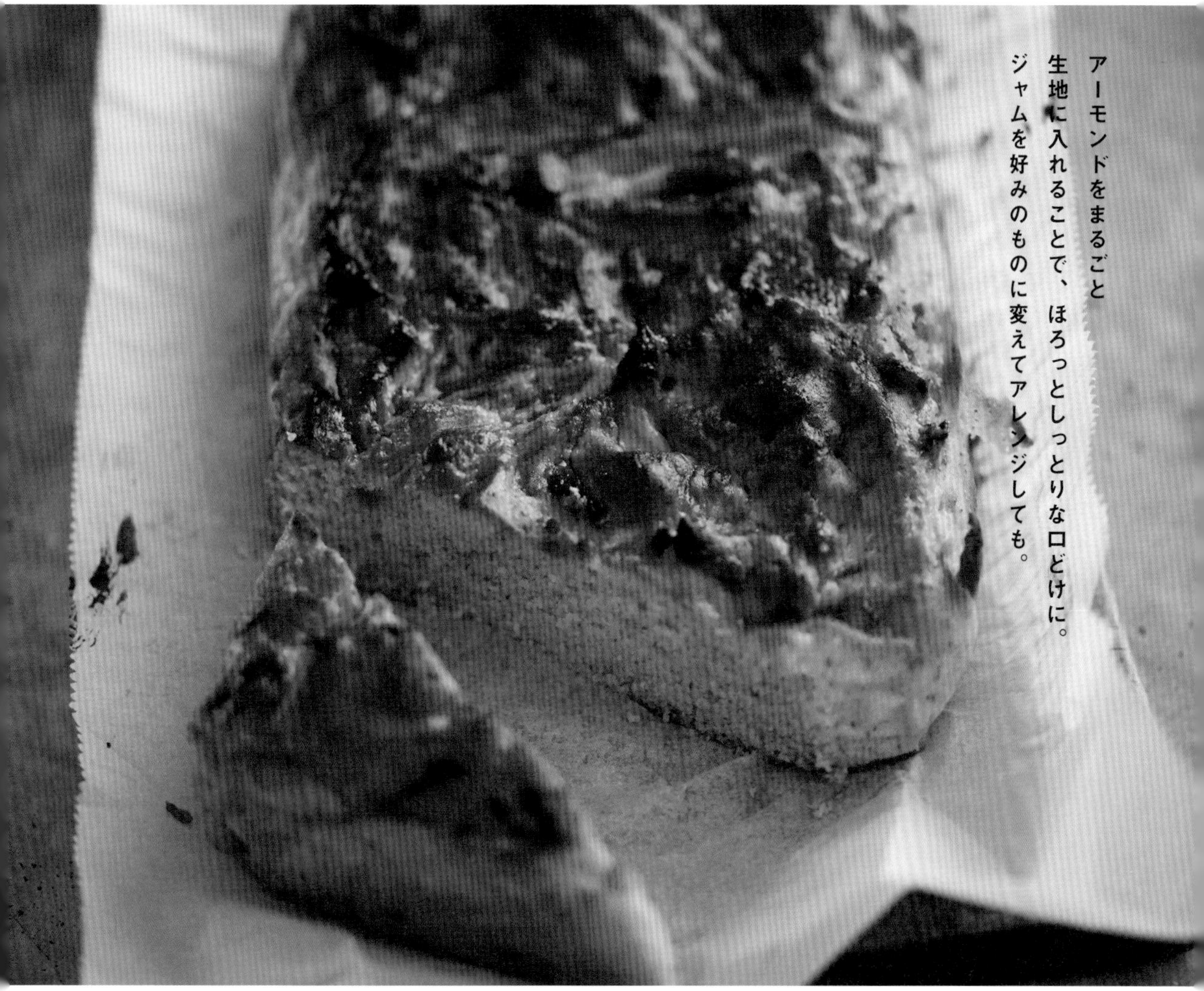

アプリコット ジンジャーケーキ

バナナくるみケーキ

材料（バット 縦14.5×横20.8×高さ4.4cm 1個分）

A
- 玄米（浸水済）…… 150g（浸水前115g）
- 豆乳（無調整）…… 40g
- バナナ …… 100g
- メープルシロップ …… 60g
- 塩 …… 2g

生アーモンド …… 35g
油 …… 50g
くるみ（150℃のオーブンで
　15分間ローストする）…… 50g
ベーキングパウダー …… 8g

作り方

1 オーブンを200℃に予熱する。バットにオーブンシートを敷き込む。

2 Aの材料をミキサーのコンテナに入れ、撹拌する。

3 途中何度か止めて、コンテナの内側面に飛び散った生地をスパチュラで落としながら、なめらかになるまで撹拌を繰り返す。

4 アーモンドを加えて撹拌し、なめらかになったらさらに油を加え低速で撹拌する。

5 生地をボウルに取り出し、くるみを混ぜる（a）。ベーキングパウダーを加え、手早く混ぜてバットに流し入れる。

6 200℃のオーブンで20分間焼成する。

a

紅茶プルーンケーキ

材料（バット 縦14.5×横20.8×高さ4.4cm 1個分）

A
- 玄米（浸水済）…… 150g（浸水前115g）
- 豆乳（無調整）…… 50g
- メープルシロップ …… 60g
- レモン汁 …… 10g
- 茶葉＊ …… 4g
- 塩 …… 2g

生アーモンド …… 35g
油 …… 50g
ドライプルーン（種抜き）…… 50g
ベーキングパウダー …… 8g

＊プルーンとの相性を考えてセイロンティーを使用。
　他の茶葉でも代用可。

作り方

1 オーブンを190℃に予熱する。バットにオーブンシートを敷き込む。

2 Aの材料をミキサーのコンテナに入れ、撹拌する。

3 途中何度か止めて、コンテナの内側面に飛び散った生地をスパチュラで落としながら、なめらかになるまで撹拌を繰り返す。

4 アーモンドを加えて撹拌し、なめらかになったら油を加え、低速で撹拌する。

5 プルーンを加え、さらに低速で撹拌する。プルーンがペーストにならないように、少し固まりを残す。

6 ボウルに生地を取り出し、ベーキングパウダーを加え、手早く混ぜてバットに流し入れる。

7 190℃のオーブンで20分間焼成する。

玄米で作るケーキです。
玄米とくるみの香ばしさと
バナナの風味との相性は抜群。
白米で作ると、少し繊細な味に仕上がります。

生地に茶葉を直接混ぜ込むことで、
紅茶の香りが口いっぱいに広がります。
プルーンの濃厚な甘さにも負けません。

生米焼き菓子

さくさくほろほろの食感を出すのが苦手だった生米スイーツ。
おからやナッツ、ドライフルーツを使うことで実現しました！

生米しっとりスコーン

作り方⇒p36

生米しっとりスコーン

生のおからを入れ、余分な水分を吸わせることで、外はカリッと中はしっとりの食感に。

材料（6個分）

A
- 生米（浸水済）── 120g（浸水前92g）
- 豆乳（無調整）── 40g
- メープルシロップ ── 30g
- 塩 ── 2.5g

油 ── 40g
おから（生）── 30g
生アーモンド＊ ── 30g
ベーキングパウダー ── 8g

＊ミキサーの馬力によってパウダー状に撹拌できない場合はアーモンドパウダーでも可。

作り方

1 アーモンドはミキサーで撹拌し（**a**）、パウダーにして取り出しておく。

2 オーブンを200℃に予熱する。天板にオーブンシートを敷く。

3 **A**の材料をミキサーのコンテナに入れ、撹拌する。

4 途中何度か止めて、コンテナの内側面に飛び散った生地をスパチュラで落としながら、なめらかになるまで撹拌を繰り返す。

5 油を加え、しっかり混ざるまで低速で撹拌し、生地をボウルに取り出す。

6 おからを加えて混ぜ、**1**のアーモンドパウダーを加えてさらに混ぜる。

7 ベーキングパウダーを加えて手早く混ぜ（**b**）、天板に6等分にしてのせる（**c**）。200℃のオーブンで、こんがり焼き色がつくまで18～20分間ほど焼成する。

a

b

c

くるみ・ドライフルーツのスコーン

シンプルスコーンのアレンジ２種です。
ローストしたくるみやドライフルーツに水分を吸わせる
ことで、さくさく、ほろほろした食感に。

材料（6個分）

A
- 生米（浸水済）…… 120g（浸水前92g）
- 豆乳（無調整）…… 40g
- メープルシロップ …… 30g
- 塩 …… 2.5g

油 …… 40g
おから（生）…… 30g
生アーモンド …… 30g
ベーキングパウダー …… 8g
くるみ（またはドライフルーツ）…… 70g

作り方

1 アーモンドはミキサーで撹拌してパウダーにし、取り出しておく。

2 オーブンを200℃に予熱する。天板にオーブンシートを敷く。

3 Aの材料をミキサーのコンテナに入れ、撹拌する。

4 途中何度か止めて、コンテナの内側面に飛び散った生地をスパチュラで落としながら、なめらかになるまで撹拌を繰り返す。

5 油を加え、しっかり混ざるまで低速で撹拌し、生地をボウルに取り出す。

6 おからを加えて混ぜ、1のアーモンドパウダーを加えてさらに混ぜる。

7 くるみ（またはドライフルーツ）を加えて混ぜ、さらにベーキングパウダーを加えて手早く混ぜる。天板に6等分にしてのせ、200℃のオーブンでこんがり焼き色がつくまで18〜20分間ほど焼成する。

きな粉クッキー

なるべく薄くのばして、水分を飛ばす
ことで、さくっと、ぱりっとした食感に。
生地が厚いと、ねちっとしてしまいます。
1枚の大きなクッキーをぱりぱり割りながら
食べるのもわが家では人気です！

材料（約20×20cmシート4枚分）

A
- 生米（浸水済）…… 120g（浸水前92g）
- 水 …… 40g
- メープルシロップ …… 48g
- 塩 …… 3g

油 …… 40g
きな粉 …… 48g

作り方

1 オーブンを160℃に予熱する。天板にオーブンシートを敷く。

2 Aの材料をミキサーのコンテナに入れ、撹拌する。

3 途中何度か止めて、コンテナの内側面に飛び散った生地をスパチュラで落としながら、なめらかになるまで撹拌を繰り返す（a）。

4 油を加え、しっかり混ざるまで低速で撹拌する。

5 ボウルに生地を取り出し、きな粉を加えてよく混ぜる（b）。

6 生地の1/4量をクッキングシートの上に置き、さらに上にクッキングシートをかぶせる（c）。その上から綿棒で均一に薄くのばし（d）、適当な大きさにカットする（e）。残りの生地も同様にする。

7 天板の上に重ならないように並べ、160℃のオーブンでカリッとするまで15〜18分間ほど焼成する。

＊あまり生地は冷凍保存可。

a

b

c
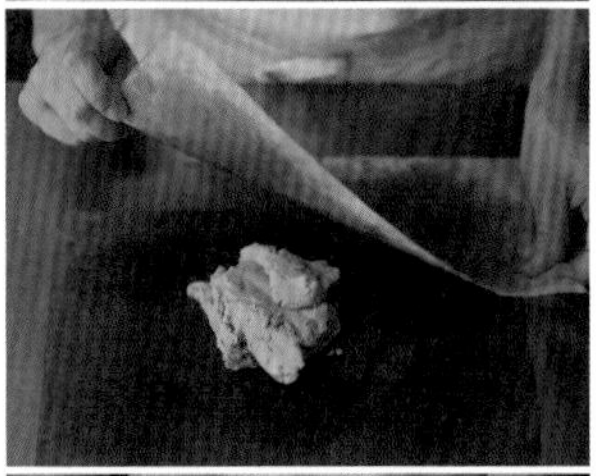

d
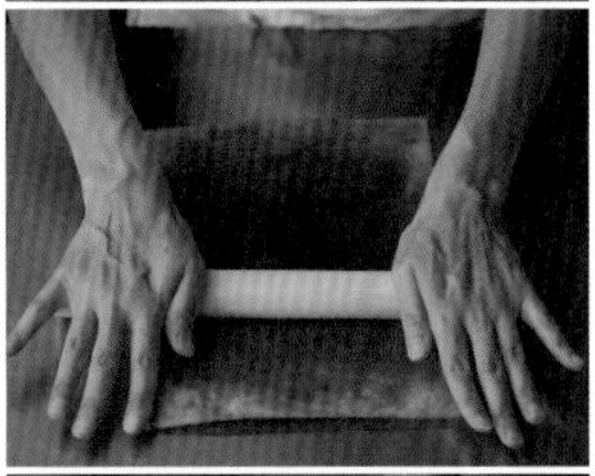

e

黒ゴマクッキー

材料（約20×20cmシート 4枚分）

- A
  - 生米（浸水済）…… 120g（浸水前92g）
  - 水 …… 40g
  - メープルシロップ …… 48g
  - 塩 …… 3g
- 油 …… 50g
- 洗いゴマ（すりゴマで代用可）…… 100g

作り方

1 ゴマはミキサーで撹拌してすりゴマを作り、取り出しておく。

2 きな粉クッキー（P.38）の**1**～**4**と同様にする。

3 ボウルに生地を取り出し、ゴマを加えてスプーンでよく混ぜる。

4 生地の1/4量をクッキングシートの上に置き、さらに上にクッキングシートをかぶせて、その上から綿棒で均一に薄くのばし、適当な大きさにカットする。残りの生地も同様にする。

5 天板の上に重ならないように並べ、160℃のオーブンでカリッとするまで20分間焼成する。

アーモンドクッキー

材料（直径2.5～3cm 約70個分）

A | 生米（浸水済）…… 150g（浸水前115g）
水 …… 50g
メープルシロップ …… 60g
塩 …… 4g

油 …… 50g
生アーモンド …… 145g

作り方

1 アーモンドはミキサーで撹拌してパウダーにし、取り出しておく。

2 オーブンを160℃に予熱する。天板にオーブンシートを敷く。

3 Aの材料をミキサーのコンテナに入れ、撹拌する。

4 途中何度か止めて、コンテナの内側面に飛び散った生地をスパチュラで落としながら、なめらかになるまで撹拌を繰り返す。

5 油を加え、しっかり混ざるまで低速で撹拌する。

6 ボウルに生地を取り出し、1のアーモンドパウダーを加えてスプーンでよく混ぜる。

7 星口金をつけた絞り袋に生地を詰め、2cmの菊形に絞り出す（a）。

8 160℃のオーブンで30分間焼成する。

＊あまり生地は冷凍保存可。

a

プレゼントにもぴったりの、かわいらしい絞り出しクッキー。
カリカリとした食感のよさが特徴です。

タルト生地のサクサク感を出すポイントは、
アーモンド生地にしっかり水分を吸わせること。
上にのせるフルーツは、桃やぶどう、いちごなどお好みで。

フルーツタルト

ブルーベリータルト

クラストを作る

材料（直径12cmタルト型底取５個分）

A | 生米（浸水済）…… 150g（浸水前115g）
水 …… 55g
塩 …… 4g

油 …… 25g
生アーモンド …… 160g

生米カスタードクリーム …… 70g（P.44参照）
ブルーベリー …… 100g

作り方

1 アーモンドをミキサーで撹拌し、パウダーにして取り出しておく。

2 オーブンを160℃に予熱する。タルト型にオーブンシートを敷き込む。

3 **A**の材料をミキサーのコンテナに入れ、撹拌する。

4 途中何度か止めて、コンテナの内側面に飛び散った生地をスパチュラで落としながら、なめらかになるまで撹拌を繰り返す（**a**）。

5 油を加え、しっかり混ざるまで低速で撹拌する。

6 ボウルに生地を取り出し、アーモンドパウダーを加えてよく混ぜる（**b**）。

7 生地1/5量を綿棒で2～3mm厚さにのばし（**c**）、タルト型に敷く（**d**）。

8 生地の底にフォークで穴を開けて（**e**）、160℃のオーブンで30分間焼成する（**f**）。

＊あまり生地は冷凍保存可。

a

b

c

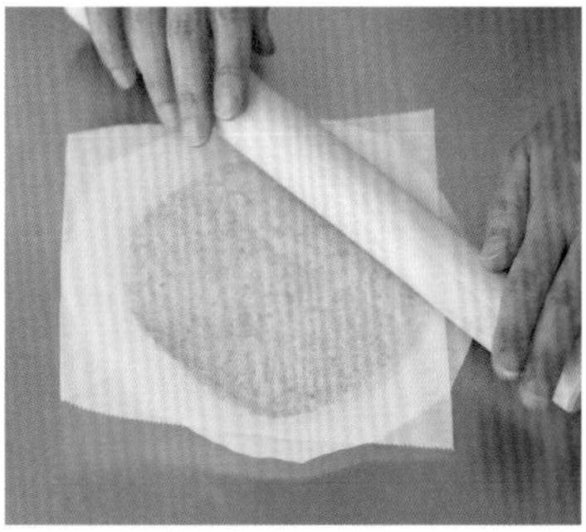

d

e

f

生米カスタードクリームを作る

材料
（バット 縦14.5×横20.8×高さ4.4cm 1個分／約360g）

A
- 生米（浸水済）…… 30g（浸水前23g）
- 豆乳（無調整）…… 250g
- メープルシロップ …… 100g
- 塩 …… 1g
- バニラビーンズ …… 1/3本

油 …… 20g

生米カスタードクリームは、
豆乳のくせを感じさせないよう、
メープルシロップとバニラビーンズで
しっかり風味づけしています。

作り方

1. Aの材料をミキサーのコンテナに入れ、撹拌する。
2. 途中何度か止めて、コンテナの内側面に飛び散った生地をスパチュラで落としながら、なめらかになるまでしっかり撹拌を繰り返す。
3. 油を加え、しっかり混ざるまで撹拌する（**a**）。
4. 小鍋に生地を移し入れ、弱火にかけて木べらでかき混ぜる（**b**）。
5. とろみがついてきたら、焦げ付かないように、重くとろりとするまでしっかりと練り上げる（**c**）。
6. バットに移し、冷めたら蓋をして冷蔵庫で保存する（**d**）。

フルーツをのせる

クラスト（P.43）の粗熱が取れたら、生米カスタードクリームを流し入れ（**e**）、ブルーベリーをのせる（**f**）。

イチジクタルト

ブルーベリータルトと同様に作り、イチジク1つをくし形に切りのせる。

a

b

c

d

e

f

タルトのあまり生地でグリッシーニ

タルト生地のあまりをいかしたくて考えたレシピですが、
子どもたちには、本家と同じくらい人気。
チリパウダーなど好みのスパイスを入れて、フレーバーも自由に楽しんで！

材料と作り方

1. オーブンを160℃に予熱する。P.43の生地を10gずつに分割し、20cm長さの棒状にのばす（**a**）。
2. 好みのフレーバーをつけてオーブンに入れ、160℃で35～40分間こんがり焼き色がつくまで焼成する（**b**）。

＊タルトのあまり生地は冷凍可能。

フレーバーのアレンジ

ゴマ、ブラックペッパー、七味、山椒など　各適量

a

b

白ワインを少しきかせることで、キリッとさっぱりした味わいに。
フルーツは旬に合わせてアレンジして楽しんで。

フルーツグラタン

材料（バット 縦14.5×横20.8×高さ4.4cm 1個分）

生米カスタードクリーム（P.44参照）…… 250g
白ワイン …… 25g
イチゴ …… 350g

作り方

1. オーブンを220℃に予熱する。
2. バットにカスタードクリームを入れて白ワインを加え（**a**）、スパチュラでよく混ぜる（**b**）。
3. クリームの上に、ヘタを取ったイチゴをバランスよく並べる（**c**）。
4. 220℃のオーブンで15分間焼く。
5. 熱々のまま、もしくは粗熱が取れてから冷蔵庫で冷やして食べてもおいしい。

a

b

c

生米グラノーラ

家にあるナッツやフルーツを混ぜて
オリジナルの配合にしてもOKです。
アイスにかけたり、ヨーグルトに混ぜてもおいしい。

a

b

c

材料

A
- 生米（浸水済）…… 100g（浸水前77g）
- 水 …… 40g
- メープルシロップ …… 60g
- 塩 …… 2g

油 …… 40g
オートミール …… 170g
好みのナッツやシード …… 160g
（カシュー、アーモンド、くるみ、パンプキンシード、サンフラワーシード、ゴマなど）
好みのドライフルーツ …… 160g
（レーズン、アプリコット、クランベリー、フィグなど）

作り方

1 オーブンを150℃に予熱する。天板にオーブンシートを敷く。
2 Aの材料をミキサーのコンテナに入れ、撹拌する。
3 途中何度か止めて、コンテナの内側面に飛び散った生地をスパチュラで落としながら、なめらかになるまで撹拌を繰り返す。
4 油を加え、しっかり混ざるまで撹拌する。
5 ボウルに生地を取り出し、オートミールを加えてよく混ぜる（a）。
6 ナッツやシードを加え、軽く混ぜて天板に広げ（b）、150℃のオーブンで30～40分間焼成する。
7 こんがり色がついたら取り出し、粗熱を取る。
8 ドライフルーツを適当な大きさにカットして加えて混ぜ（c）、密閉容器で保存する。

フィナンシェ

材料（84×41×11㎜ フィナンシェ型／12個分）

A
- 生米（浸水済）…… 120g（浸水前92g）
- 豆乳（無調整）…… 60g
- メープルシロップ …… 50g
- 塩 …… 2g

生アーモンド…… 30g
油 …… 50g
ベーキングパウダー …… 4g

作り方

1. オーブンを200℃に予熱する。フィナンシェ型に薄く油（分量外）を塗る。
2. Aの材料をミキサーのコンテナに入れ、撹拌する。
3. 途中何度か止めて、コンテナの内側面に飛び散った生地をスパチュラで落としながら、なめらかになるまで撹拌を繰り返す。
4. アーモンドを加えて撹拌し、さらに油を入れ、混ざるまで低速で撹拌する。
5. 半量の生地をボウルに取り出す。＊
6. ベーキングパウダー半量を加え手早く混ぜて、生地を等分に型に流し入れる（a）。
7. 200℃のオーブンで12分間焼成する。
8. 粗熱が取れたら、手でそっと型から取り出す。
9. 残りの生地も、5〜7を繰り返して焼き上げる。

＊ベーキングパウダーを加えると生地が即座に反応するため、1回に焼く量のみボウルに取り出す。

生地をしっとりさせるため、油分多め、アーモンドも多めの
本書のなかでも、かなりリッチな配合のお菓子です。
焼いてから1日おくと、しっとりして、また違ったおいしさに。

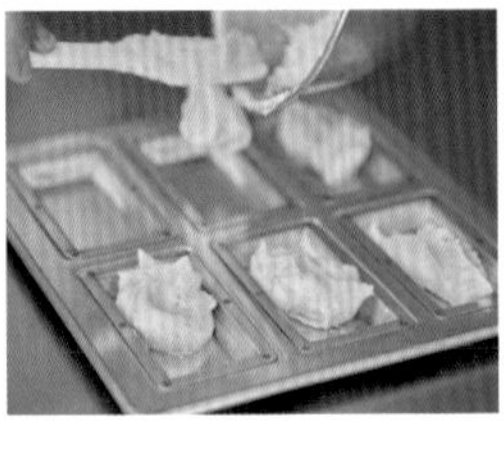

a

マドレーヌ

材料（76×49×13㎜ マドレーヌ型／10個分）

A
- 生米（浸水済）…… 120g（浸水前92g）
- 豆乳ヨーグルト …… 50g
- メープルシロップ …… 60g
- レモン汁 …… 10g
- 塩 …… 2g

ココナッツオイル …… 50g
ベーキングパウダー …… 4g

生地にレモン汁とヨーグルトを入れて
軽い食べ心地に仕上げています。
油はココナッツオイルにして、華やかな味に！

作り方

1. オーブンを200℃に予熱する。型に薄く油（分量外）を塗る。
2. Aの材料をミキサーのコンテナに入れ、撹拌する。
3. 途中何度か止めて、コンテナの内側面に飛び散った生地をスパチュラで落としながら、なめらかになるまで撹拌を繰り返す。
4. ココナッツオイルを加え、しっかり混ざるまで低速で撹拌する。
5. ボウルに取り出し、ベーキングパウダーを加え、手早く混ぜて、生地を等分に型に流し入れる。
6. 200℃のオーブンで12分間焼成する。
7. 粗熱が取れたら、手でそっと型から取り出す。

フィナンシェとマドレーヌの型が手元にない場合は、製菓用のアルミカップに油を塗り、流し入れて焼いてもよい。

生米パンケーキ

フライパンでできる！　かんたんおやつです。
しっとりして甘みも優しく、いくらでも食べられる味。
ヴィーガンバターはぜひ、一緒に作ってください。

材料（直径11cm × 4枚分）

A
- 生米（浸水済）…… 150g（浸水前115g）
- 豆乳（無調整）…… 90g
- メープルシロップ …… 40g
- 塩 …… 2g

油 …… 25g
ベーキングパウダー …… 6g

作り方

1 Aの材料をミキサーのコンテナに入れ、撹拌する。

2 途中何度か止めて、コンテナの内側面に飛び散った生地をスパチュラで落としながら、なめらかになるまで撹拌を繰り返す。

3 油を加えて、生地がもったりとするまでミキサーで撹拌する。

4 フライパンを中火で熱して油（分量外）を薄くひき、ペーパータオルでなじませ、濡れ布巾の上に5秒ほど置き、コンロの上に戻す。

5 生地をボウルに取り出してベーキングパウダーを加え、手早く混ぜる。

6 フライパンに生地の1/4量を流し入れる（**a**）。表面にポツポツと穴が開いてきたら裏返し（**b**）、さらに2～3分間焼く。残りの生地も同様に焼く。

a

b

ヴィーガンバター

材料（作りやすい量）

ココナッツオイル …… 100g
豆乳ヨーグルト（ほかの植物性ヨーグルトでも代用可）…… 30g
塩 …… 2～3g

作り方

1 すべての材料をミキサーのコンテナに入れて、なめらかになるまで撹拌する。

2 冷蔵庫で保存し、食べる前に常温に戻しておく。

生米パンケーキを2つ折りにしてワッフルに。
これは、生米カスタードクリーム（P.44）を
思う存分！ 食べるための1品です。

生米ワッフル

材料（6個）

A
- 生米（浸水済）…… 150g（浸水前115g）
- 豆乳（無調整）…… 90g
- メープルシロップ …… 40g
- 塩 …… 2g

油 …… 25g
ベーキングパウダー …… 2g
生米カスタードクリーム（P.44参照）…… 120g

a

b

作り方

1 Aの材料をミキサーのコンテナに入れ、撹拌する。
2 途中何度か止めて、コンテナの内側面に飛び散った生地をスパチュラで落としながら、なめらかになるまで撹拌を繰り返す。
3 油を加えて、生地がもったりとするまでミキサーで撹拌する。
4 フライパンを中火に熱して油（分量外）を薄くひき、ペーパータオルでなじませ、濡れ布巾の上に5秒ほど置き、コンロの上に戻す。
5 生地をボウルに取り出してベーキングパウダーを加え、手早く混ぜる。
6 フライパンに生地の1/6量を楕円形に流し入れる。表面にポツポツと穴が開いてきたら裏返し、さらに2～3分間焼く。残りの生地も同様に焼く。
7 粗熱が取れたら、クリームをはさみやすくするように生地を軽く2つ折りにし、バットに入れて完全に冷ます（**a**）。
8 生米カスタードクリームを20gずつはさみ入れる（**b**）。クリームは好みで増やしてもよい。

生米和菓子

あんこに合う、もち米を使った和菓子のレシピたち。
もち米を攪拌するところから作る和菓子は、
“みずみずしい”味わいと“ぷるぷる”した食感が特徴です。
例えるなら、つきたてのお餅のようなやわらかさ。

生地にみりんを加えて、和の甘味を出しました。
甘味料を使わずデーツをベースにしたあんこは絶品です。

どら焼き

材料（6個分）

A
- 生米（浸水済）…… 150g（浸水前115g）
- 豆乳（無調整）…… 80g
- メープルシロップ …… 45g
- 塩 …… 2.5g
- みりん …… 5g

油 …… 25g
ベーキングパウダー …… 2.5g
あんこ …… 120g

作り方

1. Aの材料をミキサーのコンテナに入れ、撹拌する。
2. 途中何度か止めて、コンテナの内側面に飛び散った生地をスパチュラで落としながら、なめらかになるまで撹拌を繰り返す。
3. 油を加えて、生地がもったりとするまでミキサーで撹拌を繰り返す。
4. 中火に熱したフライパンに油（分量外）を薄くひき、ペーパータオルでなじませ、濡れ布巾の上に5秒ほど置き、コンロの上に戻す。
5. 生地をボウルに取り出してベーキングパウダーを加え、手早く混ぜる。
6. フライパンに生地の1/12量を流し入れる。表面にポツポツと穴が開いてきたら裏返し、さらに1〜2分焼いて粗熱を取る。残りの生地も同様に焼く。
7. あんこを20gずつ計量し、丸めて少し押し潰しておく。
8. どら焼きの皮1枚にあんこをのせ、もう1枚の皮を上にのせ、どら焼きを成形する。残りも同様にする。

デーツあんこ

a

b

c

d

材料（出来上がり約230g）

小豆（乾燥）…… 60g
熱湯 …… 360g

デーツ …… 100g
塩 …… ひとつまみ
ぬるま湯 …… 230g

作り方

準備　さっと洗った小豆を魔法瓶に入れ、熱湯を注ぎ、ひと晩おく。

1. ミキサーのコンテナに種を取ったデーツと塩、ぬるま湯を入れて撹拌する（a）。
2. 水けを切った小豆をミキサーに加え（b）、なめらかになるまで低速で撹拌する。撹拌しにくい場合は、水を少しずつ加える。
3. 小鍋に入れて、中火にかけ、木べらで混ぜながら水分がなくなるまで煮つめる（c）。
4. バットに広げて冷ます（d）。

生米八つ橋

a

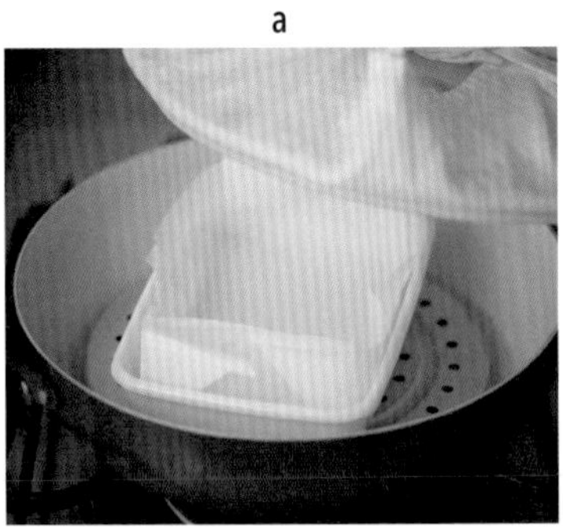

b

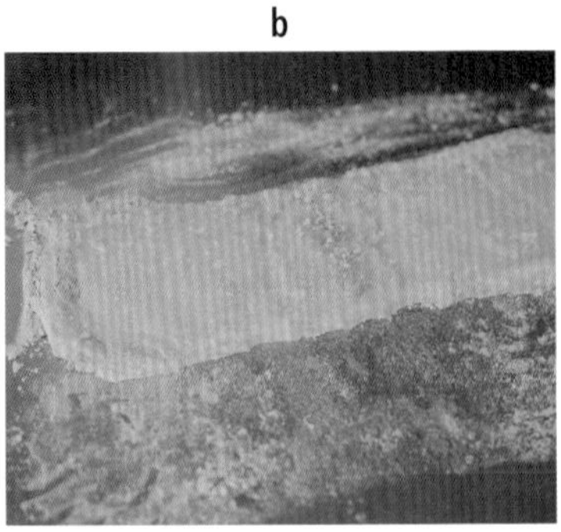

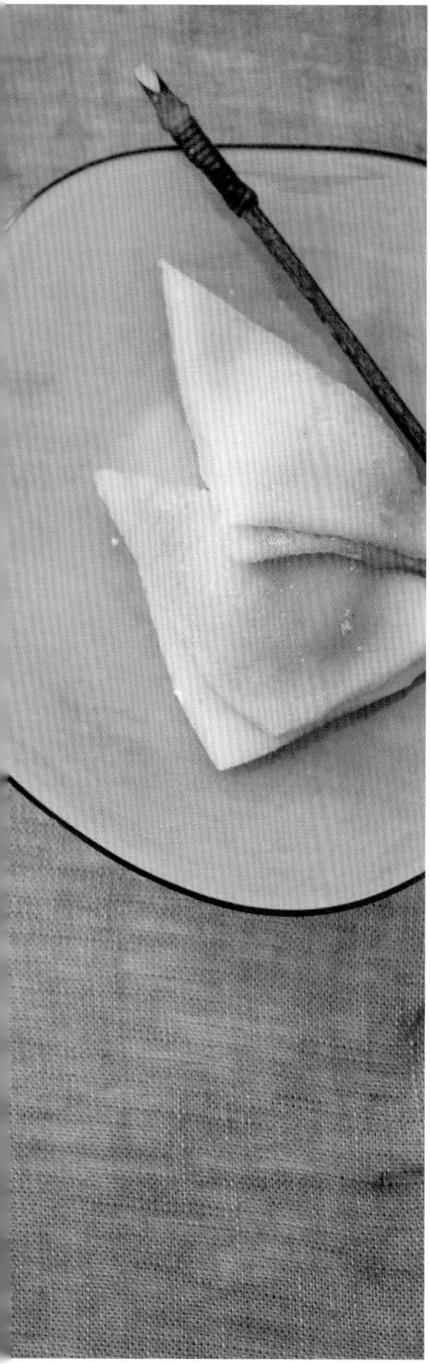

もち米をミキサーで撹拌したての八つ橋の生地はもっちもち。
シナモンをきかせた生地はあんこなしでもおいしく食べられます。

材料（バット 縦14. 5×横20. 8×
高さ4.4cm 1個分／八つ橋9個分）

A | 生もち米（浸水済）…… 150g（浸水前115g）
水 …… 40g
メープルシロップ …… 40g

きな粉 …… 適量
シナモン …… 適量
あんこ（P.55参照）…… 45g（好みで調節可）

作り方

1 バットにオーブンシートを敷き込む。厚めのフライパン（または蒸し器）に蒸し皿を敷き、水を2～3cm入れて沸騰させる。

2 **A**の材料をミキサーのコンテナに入れ、撹拌する。

3 途中何度か止めて、コンテナの内側面に飛び散った生地をスパチュラで落としながら、なめらかになるまで撹拌を繰り返す。

4 生地をバットに流し込み、湯気のたったフライパンに入れ、10分間加熱して取り出す（**a**）。

5 あんこを5gずつに分けて丸めておく。

6 **4**の粗熱が取れたら、バットから取り出し、軽くのばし、きな粉をまぶす（**b**）。

7 きな粉とシナモンをさらに薄くまぶしながら、めん棒で薄く約25×25cmに広げる（**c**）。

8 生地の端を1周きれいに切り取り、9つの正方形にカットして（**d**）、あんこをのせて包む（**e**）。

c

d

e

もち米からの作りたての生地は、もっちりやわらかい食感が魅力です。
程よい甘みのデーツあんことの相性も抜群。

大福

材料（バット 縦14. 5×横20. 8×
高さ4.4cm 1個分／大福9個分）

A | 生もち米（浸水済）…… 150g（浸水前115g）
水 …… 45g
メープルシロップ …… 40g
塩 …… 1g

あんこ（P.55参照）…… 230g
片栗粉 …… 適量

a

b

作り方

1. バットにオーブンシートを敷き込む。蒸し器に蒸し皿を敷き、水を2〜3cm入れて沸騰させる。
2. **A**の材料をミキサーのコンテナに入れ、撹拌する。
3. 途中何度か止めて、コンテナの内側面に飛び散った生地をスパチュラで落としながら、なめらかになるまで繰り返し撹拌する。
4. バットに生地を流し込み、湯気のたった蒸し器に入れ、10分間加熱する。
5. あんこを25gずつに分け、丸めておく。
6. **4**の粗熱が取れたら、台の上に片栗粉をふって生地を取り出し、生地にも片栗粉をまぶしながらめん棒でのばす（**a**）。
7. 生地を9等分に切り、それぞれにあんこを包む（**b**）。

ゆべし

ゆべしが苦手という人も、つい手がのびるおいしさです。
市販のものに比べて甘さは控えめ。ほのかにきかせたしょうゆがポイント。

材料（バット 縦14. 5×横20. 8×
高さ4.4cm 1個分／ゆべし8個）

A
- 生もち米（浸水済）…… 150g（浸水前115g）
- 水 …… 40g
- メープルシロップ …… 40g
- しょうゆ …… 5g

くるみ
（150度のオーブンで15分間ローストする）
…… 50g
片栗粉 …… 適量

作り方

1 バットにオーブンシートを敷き込む。蒸し器に蒸し皿を敷き、水を2～3cm入れて沸騰させる。

2 Aの材料をミキサーのコンテナに入れ、撹拌する。

3 途中何度か止めて、コンテナの内側面に飛び散った生地をスパチュラで落としながら、なめらかになるまで繰り返し撹拌する。

4 バットに生地を流し込み、くるみを加えてスパチュラで軽く混ぜ、表面をならす。

5 湯気のたった蒸し器に入れ、20分間加熱する。

6 粗熱が取れたら、台の上に片栗粉をふって生地を取り出し、生地にも片栗粉をまぶしながらめん棒でのばす。8等分にカットする。

白玉団子（ハイパワーミキサー用）

材料

A｜生もち米（浸水済）…150g（浸水前115g）
　｜水…40g
　｜塩…1g

好みのフルーツ・あんこ・メープルシロップ
…各好みの量

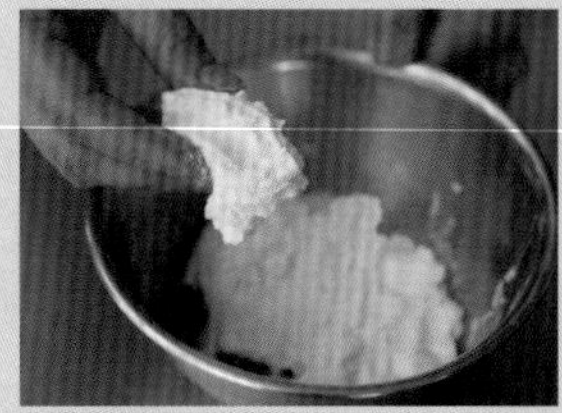

a

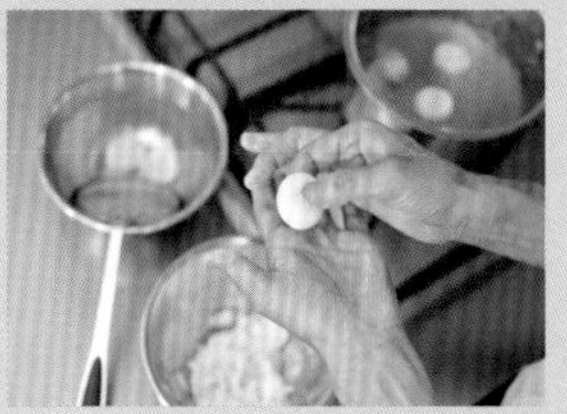

b

作り方

1. Aの材料をミキサーのコンテナに入れ、撹拌する。
2. 途中何度か止めて、コンテナの内側面に飛び散った生地をスパチュラで落としながら、じっくり時間をかけてなめらかになるまで撹拌したら、生地をボウルに取り出す（a）。ボウルに取り出して、しばらくおくと、生地が少し乾燥して丸めやすくなる。
3. 小鍋に湯を沸騰させ、生地を丸めてゆでる（b）。べたつく場合は手粉に片栗粉を使うとよい。
4. 白玉が浮いてきたら、さらに1分ゆでて、網じゃくしですくって冷水に取り、冷めたらすぐに水気を切る。
5. 好みのフルーツやあんこなどと一緒に器に盛り付け、好みでメープルシロップをかける。

きな粉白玉団子（ローパワーミキサー可）

材料

A｜生もち米（浸水済）…150g（浸水前115g）
　｜水…45g〜
　｜塩…1g

きな粉…7g〜

あんこ・メープルシロップ…各好みの量

c

作り方

1. Aの材料をミキサーのコンテナに入れ、撹拌する。
2. 途中何度か止めて、コンテナの内側面に飛び散った生地をスパチュラで落としながら、じっくり時間をかけてなめらかになるまで撹拌する。生地がなめらかにならない場合は様子を見ながら、少量の水を足す。
3. 生地をボウルに取り出してきな粉を混ぜ（c）、丸められるくらいの固さにする。ボウルに取り出し、しばらくおくと生地が少し乾燥して丸めやすくなる。
4. 小鍋に湯を沸騰させ、生地を丸めてゆでる。
5. 白玉が浮いてきたら、さらに1分ゆでて、網じゃくしですくって、冷水に取り、冷めたら水気を切る。
6. 好みのあんこなどと一緒に盛り付け、好みでメープルシロップをかける。

水分が少ないので、辛抱強くスパチュラで、
ミキサー内の生地を寄せながら攪拌することが、
おいしく作る秘訣です。

レシピ通り作って、上手に攪拌できない場合は、
水を少しずつ足してください。
仕上げにきな粉を少しずつ加えて、調整します。

大学卒業後、料理の専門学校へ

最近、「どうしてヴィーガンになったのですか?」と質問されることが増えてきました。今まで、自分のたどってきた道について詳細にお話したことはなかったので、これを機に、率直に書いてみようと思います。

大学では英文学を専攻していました。卒業後は、得意な英語と料理を学ぶためにアメリカの料理の大学へ留学したかったのですが、親から海外で料理を学ぶことに対して理解を得られずに断念。それでも、海外へのあこがれと料理を仕事にすることを諦めきれず、「エコール・キュリネール国立（現エコール辻東京）」の辻日本料理マスターカレッジに通いました。「将来、日本食を海外に広めたい」という思いからです。

専門学校卒業後は、和食レストランで働きました。実は、製菓作りに興味を持ったのは、その和食レストランでのこと。そのお店で、少しだけデザート作りに関わらせてもらえましたが、段々物足りなくなり、ケーキを作る仕事へ。結婚して妊娠するまで、製菓の仕事をしていました。

このときはまだ、ヴィーガンではありませんでした。

突然のベジタリアン宣言に大混乱！

子どもが生まれてからしばらくは専業主婦でした。子育てをめいっぱい楽しみ、子どもたち2人が小学校に上がる頃には、自宅で料理教室を開きたいと思いながら、家族のために日々、和食中心の健康的な食事作りに努めていました。

そんなある日、アメリカ人の夫が突然「僕、明日からベジタリアンになるから」と宣言したのです。青天の霹靂とはこのこと！「ベジタリアン？ なんで急に?」、「冷凍庫にあるお肉やお魚はどうするの?」「私の仕事はどうなるの?」「なんで相談もなく、そんな大切なことを決められるの?」と、毎晩、夫婦で大討論です。「環境問題や、動物保護の視点から、やるべきタイミングがきた。地球のことを考えると一刻も待つことはできない」という夫の言い分を理解したい気持ちはあるものの、毎日の食事をどうやってベジタリアンに変えていけばいいのか……。今までの自分の料理も仕事も否定されたようで悲しく、とてもショックを受けました。

その頃、次女はまだ5カ月、長女は2歳で子育てに追われ、産後の肥立ちも思わしくなく、体力的にしんどい時期でもあったので、突然の宣言に心身ともに大混乱に陥りました。

それでも、家族一緒に、同じものを楽しく食べたいという気持ちで、ベジタリアンの食について必死に調べました。手がかりとしてマクロビオティックを学び、そこからグルテンフリーやローフードを学んで、今のヴィーガンスタイルを作り上げていきました。

今、私の日々の食事は、ヴィーガンです。卵や乳製品は摂るベジタリアンから始まり、一切の動物性のものを摂らないヴィーガンに移行しました。さらに、衣食住すべてにおいて、動物からの搾取をしないよう心がける現在のライフスタイルになったのです。

最初は、夫の宣言に反発していた私ですが、ヴィーガンについて学ぶほど、その考え方やスタイルに共感することばかりでした。そしてヴィーガンを実践するほどに、想像もできなかった心地よい生活を送れ、それが一番の、自身に対しての説得力だったかもしれません。

ひんやり生米スイーツ

生米から作る冷菓です。
ミキサーでとろとろにした生米の生地を利用して
生クリームなどの乳製品なしで
洋風の冷たいスイーツが作れます。

白いお米のプリン

寒天ととろとろの生米生地を
ミックスさせることで、
プルプルの食感を作りました。

材料（バット 縦14.5×横20.8×高さ4.4cm 1個分）

A
- 生米（浸水済）…… 30g（浸水前23g）
- 豆乳（無調整）…… 450g
- メープルシロップ …… 100g
- バニラビーンズ …… 1/3本
- 塩 …… 1g
- 寒天 …… 1g

油 …… 20g

作り方

1. Aの材料をミキサーのコンテナに入れ、撹拌する。
2. 途中何度か止めて、コンテナの内側面に飛び散った生地をスパチュラで落としながら、なめらかになるまでしっかり撹拌する。
3. 油を加え、しっかり混ざるまで撹拌する。
4. 3を小鍋に入れ、木べらでかき混ぜながら、弱火にかける。
5. とろみがついてきたら、焦げ付かないようにしっかりと練り上げる（a）。
6. バットに移して（b）冷めたら蓋をし、冷蔵庫で保存する。

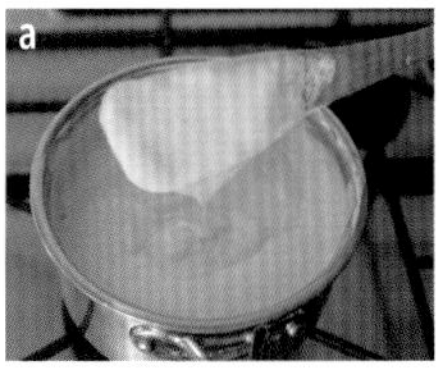

カボチャの甘さをいかした、
白いお米のプリンのアレンジです。
ねっとりしたカボチャの食感も魅力です。

カボチャのプリン

材料（バット 縦14.5×横20.8×高さ4.4cm 1個分）

A
- 生米（浸水済）…… 30g（浸水前23g）
- 豆乳（無調整）…… 400g
- カボチャ …… 100g
- メープルシロップ …… 80g
- ラム酒 …… 10g
- 塩 …… 1g
- 寒天 …… 1g

油 …… 20g

作り方

1. カボチャは皮を取り1cm幅にスライスにしておく。
2. Aの材料をミキサーのコンテナに入れ、撹拌する。
3. 途中何度か止めて、コンテナの内側面に飛び散った生地をスパチュラで落としながら、なめらかになるまでしっかり撹拌する。
4. 油を加え、しっかり混ざるまで撹拌する。
5. 生地を小鍋に移し入れ、木べらでかき混ぜながら、弱火にかける。
6. とろみがついてきたら、焦げ付かないようにしっかりと練り上げる。
7. バットに移し、冷めたら蓋をして、冷蔵庫で保存する。

生米ムース

豆乳ヨーグルトを入れた２種のフルーツムースは爽やかに、
チョコレートムースはラム酒を入れて大人っぽい味に仕上げました。
シンプルなお米がベースなので、季節の果物でいろいろなアレンジができます。

イチゴムース

材料（バット 縦14.5×横20.8×高さ4.4cm 1個分）

A
- 生米（浸水済）…… 30g（浸水前23g）
- 豆乳（無調整）…… 150g
- イチゴ …… 150g
- メープルシロップ …… 80g
- レモン …… 10g
- 塩 …… 1g
- 寒天 …… 1g

ココナッツオイル …… 30g
豆乳ヨーグルト …… 150g
イチゴ（飾り用）…… 適量

作り方

1 ミキサーのコンテナに**A**の材料を入れ、撹拌する。

2 途中何度か止めて、コンテナの内側面に飛び散った生地をスパチュラで落としながら、なめらかになるまでしっかり撹拌する。

3 ココナッツオイルを加え、しっかり混ざるまで撹拌する。

4 小鍋に移し入れ、弱火にかけて木べらでかき混ぜる。

5 とろみがついてきたら、焦げ付かないようにしっかりと練り上げる。

6 火を止めて、豆乳ヨーグルトを加え、木べらでよく混ぜる（**a**）。

7 バットに移して粗熱を取り（**b**）、飾り用イチゴをのせる。

8 蓋をして冷蔵庫で冷やし固める。

a

b

レモンムース

材料（バット 縦14.5×横20.8×高さ4.4cm 1個分）

A
- 生米（浸水済）…… 30g（浸水前23g）
- 豆乳（無調整）…… 250g
- メープルシロップ …… 100g
- レモン …… 25g
- 塩 …… 1g
- 寒天 …… 1g

ココナッツオイル …… 30g
豆乳ヨーグルト …… 200g
レモンの皮 …… 少々

作り方

1 イチゴムースの**1**～**6**と同様に作る。

2 バットに移し、粗熱が取れたら、上にレモンの皮のすり下ろしを散らす。

3 蓋をして冷蔵庫で冷やし固める。

チョコレートムース

材料（バット 縦14.5×横20.8×高さ4.4cm 1個分）

A
- 生米（浸水済）…… 30g（浸水前23g）
- 豆乳（無調整）…… 450g
- メープルシロップ …… 100g
- カカオパウダー …… 15g
- ラム酒 …… 10g
- 塩 …… 1g
- 寒天 …… 1g

ココナッツオイル …… 30g

作り方

1 イチゴムースの**1**～**5**と同様に作る。

2 バットに移し、冷めたら蓋をして、冷蔵庫で冷やし固める。

バニラアイスクリーム

材料（バット 縦14.5×横20.8×高さ4.4cm 1個分）

A
- 生米（浸水済）…… 40g（浸水前31g）
- 豆乳（無調整）…… 450g
- メープルシロップ …… 100g
- 塩 …… 1g
- バニラビーンズ …… 1/3本

油 …… 30g

a

作り方

1 ミキサーのコンテナにAの材料を入れ、撹拌する。

2 途中何度か止めて、コンテナの内側面に飛び散った生地をスパチュラで落としながら、なめらかになるまで撹拌する。

3 油を加え、しっかり混ざるまで撹拌する。

4 小鍋に移し入れ、木べらでかき混ぜながら、弱火にかける。

5 とろみがついてきたら、焦げ付かないようにしっかりと練り上げる。

6 バットに移し、冷めたら蓋をして、冷凍庫で保存する。

7 食べる5～10分間ほど前に常温に出し、フードプロセッサーにかけてなめらかにしてから食べる（a）。

生米アイスクリーム

生米生地を凍らせて
アイスクリームに。乳製品を使った
アイスクリームよりさっぱりしています。

材料（バット 縦14.5×横20.8×高さ4.4cm 1個分）

A | 生米（浸水済）…… 40g（浸水前31g）
豆乳（無調整）…… 500g
メープルシロップ …… 100g
抹茶 …… 10g
塩 …… 1g
バニラビーンズ …… 1/3本

油 …… 30g

作り方

バニラアイスの作り方**1**～**7**と同様にする。

抹茶アイスクリーム

リト家のあれこれ❷

生米シリーズ完成！
そして初の著者本出版へ

夫に、突然の「ベジタリアン宣言」をされてから、今の食への考え方にたどり着くまで、いろいろなことを勉強してきました。

まず、学んだのは玄米菜食を軸におき、環境と身体は密接な関係にあるという「身土不二」や、ひとつのものを丸ごといただく「一物全体」などの考えかたを基本とするマクロビオティック。さらに、小麦粉の摂取を控えるグルテンフリーについても学びました。ヴィーガンとは関係ないのですが、小麦粉の摂取量が大幅に減り、体調がすごく良くなったことから、グルテンフリーであり、加熱をせず、生の植物を食べることで酵素やビタミンを効率よく摂取するというローフードへ。

こうして、自分なりのヴィーガンスタイルを模索していくうちに、なるべく加工をしない食材を使ってパンを作れないだろうかと考え、生米パンが生まれたのです。

SNSで「生米パンが作れました！」と発信したら、「どうやって作ったの？」「教えてほしい！」というコメントをたくさんいただきました。作り方を公開したところ、「もっと詳しく知りたい」「講座で教えてほしい！」というご要望を受け、「生米パン講座」を開講。すると、またたくまに、大人気のレッスンとなりました。

講座にはたくさんの料理家の先生方にもご参加いただききました。先生方には様々な形で応援していただき、ご縁があって、はじめての著者本の出版につながりました。

そして、パンと同じ製法でおいしいスイーツができるのではないかと思い、スイーツ開発もすぐに始めました。

スイーツのレシピはリッチに！

生米スイーツのレシピ開発で悩んだのは、どこまでリッチにするか。当初は、生米パンと同じように、ご飯のように毎日でも食べられる素朴な、オイルなし、甘味料なしのレシピでした。ただ、スイーツの役割って、日常の食事とは別にあるのではないかな？ と思ったのです。ハレ（非日常）とケ（日常）の食べ物があるならば、スイーツにはハレの役割があるのではないかしらと。あくまでもベースの食事があった上でのお楽しみ。そう思ったとき、油や甘味料、ナッツなどをしっかりめに入れて作る、華やかな生米スイーツが誕生しました。

ただ、生米スイーツではないけれど、最後にわが家で人気のおやつもご紹介したくて、冷蔵庫に常備しているヴィーガンスイーツも掲載しました。ぜひ活用してください。

かんたん ヴィーガンスイーツ

卵、乳製品、砂糖を使わない、
わが家の食卓に、日常的にのぼる
グルテンフリーのヴィーガンスイーツ９品をご紹介します。
小腹がすいたとき、ほっと満たされるスイーツばかりです。

エナジーボール

抹茶

材料　約10個分

カシューナッツ …… 80g
デーツ …… 80g
抹茶 …… 小さじ1
塩 ……ひとつまみ

作り方

1 デーツは種を取り出し、フードプロセッサーに入れて撹拌する。

2 1に残りの材料をすべて加えて撹拌し、ボウルに取り出してひと口大に丸める。

甘味料も油も使わない、毎日でも食べてほしい栄養価の高いおやつ。
わが家の子どもたちは、フレッシュフルーツと一緒に食べるのが好きです。

シトラス

材料　約10個分

カシューナッツ …… 50g
ココナッツ …… 50g
デーツ …… 30g
塩 …… ひとつまみ
レモン皮のすりおろし …… 1個分

作り方

1 デーツは種を取り出し、フードプロセッサーに入れて撹拌する。

2 1に残りの材料をすべて加えて撹拌し、ボウルに取り出してひと口大に丸める。

カカオ

材料　約10個分

くるみ …… 70g
デーツ …… 70g
カカオマス …… 30g
塩 …… ひとつまみ

作り方

1 デーツは種を取り出し、フードプロセッサーに入れて撹拌する（**a**）。

2 カカオマスと塩を加えて撹拌し、細かくなったら、くるみを加え（**b**）、好みの加減まで撹拌する。容器に取り出し、ひと口大に丸める（**c**）。

a

b

c

Point

撹拌の具合によって、くるみを大きめにしてカリカリ食感に。またはくるみをしっかり撹拌しチョコレートのようにするのも◎。

きな粉ボール

わが家では特に次女が気に入ってよく作ってくれます。
きな粉とメープルを混ぜただけのシンプルなおやつです。

材料（10個分）

きな粉 …… 100g
水* …… 60g
メープルシロップ …… 30g
塩 …… 1g

＊甘味と水分の量は好みに合わせて変更できる。
合わせて水分量を90gにするのが目安。
小さい子どもは水分を少し多くすると食べやすい。

作り方

1 ボウルにきな粉と塩を入れて、よく混ぜ合わせる。

2 水とメープルシロップを加えて混ぜ合わせ、ボール状に丸めて出来上がり。

材料（縦26×横23cm× 1枚分）

バナナ …… 2本（約200g）
オーツ …… 100g
ドライイチジク …… 70g
くるみ …… 35g
パンプキンシード …… 20g
サンフラワーシード …… 10g
※ナッツ、シード、ドライフルーツの種類や量はお好みで変更可。

作り方

1 オーブンを180℃で予熱する。天板にオーブンシートを敷く。

2 イチジク、くるみは1cm角にカットする

3 バナナをボウルに入れてマッシャーで潰す。

4 残りの材料をすべて加えて混ぜ合わせる。

5 オーブンシートを敷いた天板の上に約1cm厚さに広げる。

6 180℃のオーブンで、25～30分間、こんがり焼き色がつくまで焼成する。

7 冷めたら包丁で、好みの大きさにカットする。

オーツバー

たっぷりのドライフルーツ、ナッツ、オーツを
バナナでつないだシンプルなお菓子。
グルテンアレルギーのある方は、グルテンフリーオーツを使ってください。

柑橘のシャーベット

甘酒シャーベット

甘酒ベースの、しゃりしゃりした食感がおいしいシャーベット。
甘さやとろみは甘酒の甘さに影響されるので
お好みのものを使ってください。

材料（バット 縦14.5×横20.8×高さ4.4cm 1個分）

甘酒 …… 100g
河内晩柑（好みの柑橘類）…… 100g

作り方

1 河内晩柑は皮をむいて、種を取り除く。4つほどにカットする。

2 ミキサーのコンテナにすべての材料を入れ、なめらかになるまで撹拌する。

3 バットに移して蓋をし、冷凍庫で冷やし固める。

4 食べる5～10分ほど前に常温に出し、大きなスプーンでかき出す、またはフードプロセッサーにかけて、なめらかにして食べる。

甘酒小豆シャーベット

材料（バット 縦14.5×横20.8×高さ4.4cm 1個分）

小豆（乾燥）…… 60g
甘酒＊ …… 400g
塩 …… ひとつまみ
熱湯 …… 360g

＊甘酒に塩が添加されている場合は塩は入れない。

作り方（バット 縦14.5×横20.8×高さ4.4cm ／ 1個分）

準備　さっと洗った小豆を魔法瓶に入れ、熱湯を注ぎ、ひと晩おく。

1 水けを切った小豆と甘酒、塩、ミキサーのコンテナに入れてなめらかになるまで撹拌する。

2 バットに移して蓋をし、冷凍庫で保存する。

3 食べる5～10分ほど前に常温に出し、大きなスプーンでかき出す、またはフードプロセッサーにかけて、なめらかにして食べる。

フルーツコンポート

フルーツコンポートの寒天寄せです。シロップをゼリーとして余すところなくいただけるように寒天寄せにしました。

冬瓜コンポート

材料（バット 縦14.5×横20.8×高さ4.4cm 1個分）

冬瓜 …… 正味400g（処理前は約800g）

A
- 白ワイン …… 200g
- メープルシロップ …… 60g
- レモンの絞り汁 …… 25g
- 寒天 …… 2g

ミント（飾り）…… 適量

作り方

1. 冬瓜はわたと種を取り、皮をむいて、1cm厚さにスライスする（a）。
2. 小鍋に冬瓜とAを入れ、オーブンシートで作った落とし蓋をのせて中火にかける（b）。
3. 沸騰したら弱火にして5分間加熱する。
4. バットに移して（c）、粗熱が取れたら冷蔵庫で冷やし固める。
5. 食べる前にミントを添える。

りんごコンポート

材料（バット 縦14.5×横20.8×高さ4.4cm 1個分）

りんご（皮と芯を取ったもの）…… 400g（約2個）

A
- 白ワイン …… 200g
- メープルシロップ …… 30g
- レモンの絞り汁 …… 20g
- シナモンスティック …… 1本
- 寒天 …… 2g

作り方

1. りんごは2cm厚さのくし形切りにする。
2. 小鍋にりんごとAを入れ、オーブンシートで作った落とし蓋をのせて中火にかける。
3. 沸騰したら弱火にして5分間加熱する。
4. バットに移し、粗熱が取れたら冷蔵庫で冷やし固める。

a

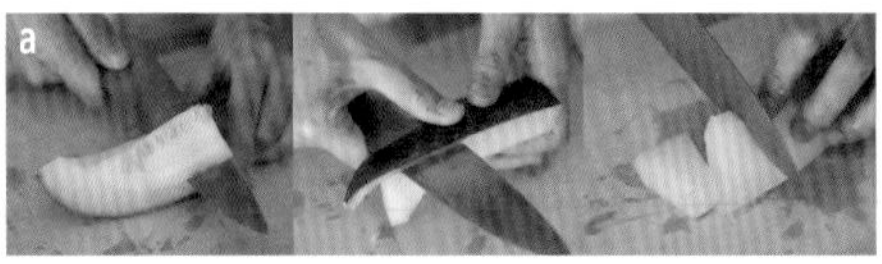

b

c

epilogue

生米スイーツとヴィーガン

本書の生米スイーツは、私がヴィーガンだからたどり着いたレシピです。

この本をきっかけに、ヴィーガニズムという考えや生きかたを知って、
少しでも興味を持っていただけるかたが増えたら嬉しいな、と思っています。

私が生米スイーツのレシピを考えているとき、心に留めているのは、
「おいしいから作ろう！」
と思ってもらえるようにすること。
そして、
大切な人に食べてもらいたいと思えるような、体に優しいものにすること。
だから、私は素材にもこだわります。

素材の中でも、生米スイーツに欠かせない「お米」。
レシピを作っているとき、生米スイーツを喜んでもらえたとき。
農家さんへの感謝の気持ちがあふれます。
いつも安心しておいしくいただけるお米があるから、
心を込めて作ってくださる農家さんがいるから、生米スイーツは生まれました。
私たちにできることは、この環境を守り、お米を食べ続けていくこと。
その感謝と願いを込めて、これからも生米スイーツを作っていきたいと思います。

また、キッチンの片隅で生まれた小さな試作品たちが、
このように1冊の本になるところまで来れたのは、
口コミで広めてくださった生徒さんたちのおかげです。
本当にありがとうございました。

本書が、読者の皆さんの、一息つきたいときや、特別な日の、
お役に立つ1冊となれたら、それほどありがたいことはありません。
数ある選択肢の中から、この本を手に取ってくださった皆様に感謝を込めて。

リト史織

リト史織

ヴィーガン料理家。
「Shiori's Vegan Pantry」主宰。

生米パン、生米スイーツの開発者。大学卒業後、現エコール辻東京　辻日本料理マスターカレッジで学ぶ。その後、飲食店、洋菓子店などに勤務。出産後、夫からヴィーガンの生活を提案され、マクロビオティック、米粉、グルテンフリー、ローフードなどを学ぶ中で、生の米からパンを作る「生米パン」の開発に成功。以来、「生米パン」や「生米スイーツ」など「生米シリーズ」の講座を開講し、予約が取れないほどの人気を集める。著書に『はじめての生米パン』（光文社）、『毎日食べたい生米パン』（永岡書店）がある。

インスタグラム @shioris_vegan_pantry
ツイッター @shiorileto

デザイン　釜内由紀江、石川幸彦、五十嵐奈央子（GRID CO.,LTD.）
撮影　宮濱祐美子
スタイリング　諸橋昌子
編集協力　斯波朝子（オフィス Cuddle）
校正　ケイズオフィス

撮影協力　UTUWA

Special Thanks　Vitamix（株式会社アントレックス）

ヴィーガンだからたどり着いた
小麦粉を使わない
もちふわ生米スイーツ

2021年11月20日　第1版発行

著者　リト史織
発行者　河地尚之
発行所　一般社団法人 家の光協会
〒162-8448
東京都新宿区市谷船河原町11
電話　03-3266-9029（販売）
03-3266-9028（編集）
振替　00150-1-4724
印刷・製本　図書印刷株式会社

乱丁・落丁本はお取り替えいたします。
定価はカバーに表示してあります。

ISBN978-4-259-56707-1 C0077